Finanzfreund -
Dein Wegweiser zu Wohlstand und Geldglück

-Fabian Julian Beck-

Es war einmal ein junger Mann namens Dennis, der früh in seinem Leben das Interesse an intelligentem Investieren entdeckte. Er begann, seine finanzielle Bildung zu erweitern und lernte, wie man sein Geld klug anlegt. Anstatt impulsiv auszugeben, legte er einen Teil seines Einkommens in verschiedene Anlageklassen an, darunter Aktien, Anleihen und Immobilien. Im Laufe der Jahre verfolgte Dennis einen konservativen, diversifizierten Ansatz und achtete darauf, Risiken zu minimieren. Er überließ nichts dem Zufall und führte regelmäßige Recherchen durch, um in Unternehmen zu investieren, die ein starkes Wachstumspotenzial hatten. Er nutzte auch Steuervorteile wie steueroptimierte Konten und erzielte so höhere Renditen. Mit der Zeit sah Dennis sein investiertes Vermögen stetig wachsen. Seine klugen Entscheidungen und die Macht des Zinseszinseffekts führten dazu, dass er ein beträchtliches Vermögen aufbaute. Er konnte sich frühzeitig zur Ruhe setzen und seinen Lebensstandard erheblich verbessern.

Diese Geschichte zeigt, dass intelligente Geldanlage, Geduld und ein fundiertes Verständnis des Marktes dazu beitragen können, langfristigen Wohlstand aufzubauen. Es ist jedoch wichtig zu beachten, dass jede Anlage mit Risiken verbunden ist, und es ist ratsam, sich gründlich zu informieren oder professionelle Beratung einzuholen, bevor man investiert. Langfristiger Wohlstand erfordert eine sorgfältige finanzielle Planung und eine kluge Strategie.

Hier sind einige Strategien, die Ihnen dabei helfen können:

1. Budget erstellen: Erstellen Sie ein monatliches Budget, um Ihre Einnahmen und Ausgaben zu verfolgen. Dies hilft Ihnen, Ihr Geld effizienter zu verwalten.

2. Sparen und Investieren: Legen Sie einen Teil Ihres Einkommens beiseite und investieren Sie es in langfristige Anlagen wie Aktien, Anleihen, Immobilien oder Rentenkonten. Das hilft, Ihr Vermögen im Laufe der Zeit zu steigern.

3. Schuldenabbau: Reduzieren Sie Ihre Schulden, insbesondere teure Kredite. Schulden können langfristigen Wohlstand erheblich behindern.

4. Diversifikation: Verteilen Sie Ihre Investitionen auf verschiedene Anlageklassen, um das Risiko zu minimieren. Eine breite Diversifikation kann dazu beitragen, Verluste zu begrenzen.

5. Bildung und berufliche Entwicklung: Investieren Sie in Ihre Fähigkeiten und Bildung, um Ihre beruflichen Chancen und Einkommensmöglichkeiten zu verbessern.

6. Unternehmerische Aktivitäten: Wenn Sie über unternehmerische Fähigkeiten verfügen, erwägen Sie, ein eigenes Unternehmen zu gründen, um langfristigen Wohlstand aufzubauen.

7. Notfallfonds: Legen Sie Geld für unerwartete Ausgaben beiseite, um finanzielle Krisen zu bewältigen, ohne auf langfristige Investitionen zurückgreifen zu müssen.

8. Steuerplanung: Optimieren Sie Ihre Steuern, indem Sie von steuerlichen Vorteilen und Anreizen Gebrauch machen.

9. Erbschaftsplanung: Stellen Sie sicher, dass Sie eine klare Erbschaftsplanung haben, um Ihr Vermögen an künftige Generationen weiterzugeben.

10. Geduld und Disziplin: Langfristiger Wohlstand erfordert Geduld und Disziplin. Bleiben Sie an Ihrer finanziellen Strategie fest, auch wenn es kurzfristige Herausforderungen gibt.

Denken Sie daran, dass langfristiger Wohlstand keine schnelle Angelegenheit ist. Es erfordert Zeit, Planung und Engagement, aber die Belohnungen können erheblich sein. Das Anlegen von Geld kann auf verschiedene Arten erfolgen, je nach Ihren finanziellen Zielen, Ihrer Risikobereitschaft und Ihrem Anlagehorizont.

Hier sind einige gängige Möglichkeiten:

1. Spar- und Girokonten: Diese bieten Sicherheit, sind aber in der Regel mit niedrigen Zinsen verbunden.

2. Festgeldkonten: Hier legen Sie Ihr Geld für einen festen Zeitraum an, um höhere Zinsen zu erhalten.

3. Aktien: Investieren in Aktien ermöglicht es, Anteile an Unternehmen zu erwerben. Es kann jedoch riskant sein.

4. Anleihen: Anleihen sind Schuldtitel, die von Regierungen oder Unternehmen ausgegeben werden und regelmäßige Zinszahlungen bieten.

5. Investmentfonds: Diese Fonds sammeln Geld von Anlegern und investieren es in eine Vielzahl von Wertpapieren.

6. Immobilien: Der Kauf von Immobilien kann langfristig eine stabile Investition sein.

7. Rohstoffe: Investitionen in Rohstoffe wie Gold, Öl oder landwirtschaftliche Produkte sind eine Option.

Bevor Sie Geld anlegen, sollten Sie Ihre finanziellen Ziele, Risikobereitschaft und Anlagestrategie sorgfältig abwägen. Es kann ratsam sein, einen Finanzberater zu konsultieren, um die richtige Strategie für Ihre Bedürfnisse zu entwickeln. Es gibt verschiedene Risiken, die bei Geldanlagen berücksichtigt werden sollten, darunter:
1. Marktrisiko: Die Werte von Anlagen können aufgrund von Marktschwankungen und wirtschaftlichen Bedingungen steigen oder fallen.

2. Zinsrisiko: Änderungen der Zinssätze können den Wert von

Anleihen und festverzinslichen Anlagen beeinflussen.

3. Kreditrisiko: Es besteht das Risiko, dass der Emittent von Anleihen oder Schuldtiteln zahlungsunfähig wird.

4. Liquiditätsrisiko: Schwierigkeiten beim Verkauf von Anlagen zu einem gewünschten Zeitpunkt können Verluste verursachen.

5. Inflationsrisiko: Die Inflation kann die Kaufkraft des investierten Kapitals mindern.

6. Währungsrisiko: Bei ausländischen Investitionen kann sich der Wechselkurs auf die Rendite auswirken.

7. Unternehmensrisiko: Einzelne Unternehmensaktien sind anfällig für unternehmensspezifische Risiken.
8. Politisches und regulatorisches Risiko: Gesetzliche Änderungen und politische Ereignisse können Auswirkungen auf Investitionen haben.

9. Diversifikationsrisiko: Das Fehlen einer ausgewogenen Diversifikation kann das Risiko erhöhen. Es ist wichtig, diese Risiken zu verstehen und eine Anlagestrategie zu entwickeln, die zu Ihren finanziellen Zielen und Ihrer Risikotoleranz passt.

Eine professionelle Finanzberatung kann hilfreich sein, um geeignete Anlagen auszuwählen und Risiken zu minimieren. Um Geldverluste bei Geldanlagen zu vermeiden, sollten Sie einige bewährte Strategien befolgen:

1. Diversifikation: Streuen Sie Ihr Geld in verschiedene Anlageklassen, wie Aktien, Anleihen, Immobilien und Bargeld, um das Risiko zu minimieren.

2. Forschung: Informieren Sie sich gründlich über die Anlagen, die Sie in Betracht ziehen. Verstehen Sie die Risiken und Chancen. 3. Langfristige Perspektive: Betrachten Sie Investitionen langfristig. Kurzfristige Marktschwankungen können ausgeglichen werden.

3. Risikotoleranz: Passen Sie Ihre Anlagen an Ihre Risikobereitschaft an. Investieren Sie nur Geld, das Sie bereit sind zu verlieren.

5. Überwachung: Behalten Sie Ihre Anlagen im Auge und passen Sie Ihre Strategie bei Bedarf an.

6. Gebühren minimieren: Achten Sie auf die Kosten im Zusammenhang mit Ihren Anlagen, da Gebühren Ihre Rendite schmälern können.

7. Notfallfonds: Behalten Sie einen Notfallfonds bei Seite, um unerwartete Ausgaben zu decken, ohne Ihre langfristigen Anlagen verkaufen zu müssen.

8. Professionelle Beratung: Konsultieren Sie einen Finanzberater, um maßgeschneiderte Anlagestrategien zu entwickeln.

9. Emotionen unter Kontrolle halten: Lassen Sie sich nicht von Angst oder

Gier zu impulsiven Entscheidungen verleiten. **10. Bildung:** Setzen Sie sich kontinuierlich mit Finanzthemen auseinander, um Ihre finanzielle Intelligenz zu steigern.

Denken Sie daran, dass jede Anlage mit Risiken verbunden ist, und es gibt keine absolute Garantie gegen Verluste. Die richtige Herangehensweise und Vorbereitung können jedoch dazu beitragen, Verluste zu minimieren und langfristig erfolgreich zu investieren. Risikominimierung bei Geldanlagen ist ein wichtiger Aspekt der Finanzplanung. Hier sind einige bewährte Methoden, um das Risiko zu minimieren:

1. Diversifikation: Investieren Sie in verschiedene Anlageklassen, wie Aktien, Anleihen, Immobilien und Rohstoffe, um Ihr Portfolio breit zu streuen.

2. Langfristige Anlagestrategie: Betrachten Sie Geldanlagen als langfristiges Vorhaben, um kurzfristige Schwankungen auszugleichen.

3. Risikotoleranz ermitteln: Beurteilen Sie Ihre persönliche Risikotoleranz und passen Sie Ihre Anlagen entsprechend an. 4. Recherchieren: Informieren Sie sich gründlich über die Anlagen, in die Sie investieren möchten.

4. Professionelle Hilfe: Erwägen Sie die Inanspruchnahme eines Finanzberaters oder Anlageexperten, um fundierte Entscheidungen zu treffen.

5. Notfallfonds: Halten Sie einen Notfallfonds für unerwartete Ausgaben bereit, um Ihr Anlageportfolio zu schützen.

6. Regelmäßiges Überwachen: Behalten Sie Ihr Portfolio im Auge und passen Sie es bei Bedarf an veränderte Lebensumstände an.

7. Risikomanagement-Tools: Verwenden Sie Absicherungsinstrumente wie Optionen oder Stopp-Loss-Aufträge, um Verluste zu begrenzen.

Bitte beachten Sie, dass es keine vollständige Risikofreiheit bei Geldanlagen gibt, und Sie sollten immer Ihre individuellen Ziele und Bedürfnisse berücksichtigen. Risikofreie Geldanlagen sind Investitionen, bei denen das Risiko eines Kapitalverlusts minimal oder nahezu ausgeschlossen ist. Dazu gehören in der Regel Anlagemöglichkeiten, die von staatlichen Institutionen oder hoch angesehenen Finanzinstituten unterstützt werden, wie:

1. Staatsanleihen: Diese werden von Regierungen ausgegeben und gelten oft als nahezu risikofrei, insbesondere wenn es sich um Länder mit einer stabilen Wirtschaft handelt.

2. Einlagenzertifikate (Festgeld): Hierbei hinterlegen Sie Ihr Geld bei einer Bank für einen festen Zeitraum zu einem festen Zinssatz.

3. Sparkonten: Bei Sparkonten können Sie Ihr Geld sicher bei einer Bank aufbewahren und erhalten Zinsen, obwohl die Rendite oft niedriger ist.

4. Tagesgeldkonten: Ähnlich wie Sparkonten, bieten Tagesgeldkonten höhere Zinsen, aber Ihr Geld bleibt flexibel und sofort verfügbar.

5. Geldmarktfonds: Diese Investmentfonds investieren in kurzfristige, hochliquide Anlagen wie Schatzwechsel und kurzfristige Anleihen.
Dennoch ist es wichtig zu beachten, dass selbst risikofreie Geldanlagen nicht vor Inflationsrisiken schützen und oft niedrigere Renditen im Vergleich zu riskanteren Anlagen bieten. Die Wahl der besten Option hängt von Ihren individuellen finanziellen Zielen und Risikotoleranz ab. Es gibt viele außergewöhnliche Geldanlagen jenseits der traditionellen Optionen wie Aktien, Anleihen und Immobilien.
Einige Beispiele umfassen:

1. Kryptowährungen: Investieren in digitale Währungen wie Bitcoin, Ethereum oder andere Altcoins.

2. Kunst und Sammlerstücke: Der Kauf von Kunstwerken, Antiquitäten oder Sammlerstücken kann eine interessante Anlageoption sein.

3. Wein und Whisky: Einige Menschen investieren in erlesene Weine und Whiskys, die im Wert steigen können.

4. Crowdinvesting: Durch Plattformen können Sie in Startups und innovative Projekte investieren.
5. Edelmetalle: Investieren in Gold, Silber oder andere Edelmetalle als Werterhaltungsmaßnahme.

6. P2P-Kredite: Geld an Privatpersonen oder kleine Unternehmen verleihen und Zinsen verdienen.

Es ist wichtig, außergewöhnliche Anlagen gründlich zu recherchieren und sich der Risiken bewusst zu sein, da sie

oft volatiler sind als herkömmliche Anlageoptionen.
Ein ausgewogener Ansatz und Diversifikation sind ebenfalls entscheidend, um das Risiko zu streuen. Unrealistische Geldanlagen sind Investitionen, die auf unrealistischen Erwartungen basieren und in der Regel mit einem hohen Risiko verbunden sind. Einige Beispiele für unrealistische Geldanlagen sind:

1. „Get-rich-quick" Schemata: Programme oder Investitionsmöglichkeiten, die versprechen, dass Sie innerhalb kurzer Zeit enormen Reichtum erlangen können, sind oft unrealistisch und möglicherweise betrügerisch.

2. Penny Stocks: Der Handel mit Penny Stocks kann riskant sein, da diese Aktien oft wenig Liquidität haben und anfällig für Preismanipulationen sind. a.

3. Kryptowährungen: Obwohl Kryptowährungen wie Bitcoin an Beliebtheit gewonnen haben, sind sie immer noch hochvolatil und riskant. b. Hochgehebelte Derivate: Der Handel mit hoch gehebelten Derivaten wie Optionen und Futures kann zu erheblichen Verlusten führen, wenn Sie die Risiken nicht verstehen. c.

4.Schneeballsysteme: Investitionen, die auf dem Prinzip beruhen, dass Sie andere Investoren anwerben, um Gewinne zu erzielen, sind oft illegal und enden für die meisten Beteiligten in Verlusten.

Es ist ratsam, realistische und gut recherchierte Anlagestrategien zu verfolgen und immer auf Warnzeichen von betrügerischen Angeboten oder unrealistischen Renditeversprechen zu achten. Bevor Sie Geld investieren, sollten Sie sich ausreichend informieren und gegebenenfalls professionelle finanzielle Beratung in Anspruch nehmen. Der Handel mit Rohstoffen kann potenziell profitabel sein, birgt aber auch Risiken.
Hier sind einige grundlegende Informationen:

1. Rohstoffmärkte: Rohstoffe werden an Termin- und Spotmärkten gehandelt. Der Terminmarkt beinhaltet den Kauf oder Verkauf von Rohstoffen zu einem späteren Zeitpunkt, während der Spotmarkt den sofortigen Handel beinhaltet.

2. Rohstoffarten: Es gibt verschiedene Arten von Rohstoffen, wie Edelmetalle (Gold, Silber), Energierohstoffe (Öl, Gas), Agrarrohstoffe (Weizen, Kaffee) und Industrierohstoffe (Eisen, Kupfer).

3. Risiken: Rohstoffpreise sind oft volatil und können von vielen Faktoren beeinflusst werden, darunter Angebot und Nachfrage, geopolitische Ereignisse und Wetterbedingungen. Dies macht den Handel riskant.

4. Strategien: Trader verwenden verschiedene Strategien, wie Trendfolge, fundamentale Analyse und technische Analyse, um Rohstoffe zu handeln. Es ist wichtig, eine Strategie zu entwickeln und

Risikomanagementprinzipien anzuwenden.

5. Kapital und Erfahrung: Um im Rohstoffhandel erfolgreich zu sein, benötigen Sie ausreichend Kapital und Wissen über die Märkte. Es ist ratsam, sich gut zu informieren oder mit einem erfahrenen Berater zusammenzuarbeiten.

6. Regulierung: Der Rohstoffhandel ist in vielen Ländern reguliert. Stellen Sie sicher, dass Sie die geltenden Vorschriften und Steuergesetze verstehen.

7. Diversifikation: Es ist oft klug, Ihr Kapital auf verschiedene Rohstoffe zu verteilen, um das Risiko zu minimieren.

Bevor Sie mit dem Rohstoffhandel beginnen, ist es ratsam, sich gründlich zu informieren und möglicherweise professionelle Beratung in Anspruch zu nehmen. Der Rohstoffhandel kann Chancen bieten, aber er birgt auch erhebliche Risiken. Investieren Sie in Edelmetalle wie Gold, Silber, Platin und

Palladium kann eine Möglichkeit sein, Geld anzulegen. Hier sind einige Dinge zu beachten:

1. Diversifikation: Edelmetalle können eine gute Möglichkeit sein, Ihr Portfolio zu diversifizieren. Sie haben oft eine geringe Korrelation mit anderen Anlageklassen wie Aktien und Anleihen, was bedeutet, dass sie in Zeiten wirtschaftlicher Unsicherheit eine Absicherung bieten können.

2. Langfristige Anlage: Edelmetalle sind oft langfristige Anlagen. Ihr Wert kann im Laufe der Zeit steigen, insbesondere in Zeiten wirtschaftlicher Turbulenzen.

3. Risiken: Es gibt auch Risiken beim Investieren in Edelmetalle. Die Preise können volatil sein, und es gibt Lagerungskosten, wenn Sie tatsächlich physisches Metall kaufen. Außerdem zahlen Sie möglicherweise Aufschläge beim Kauf und Verkauf.

4. Verschiedene Wege: Sie können Edelmetalle auf verschiedene Arten besitzen, einschließlich physischer Barren oder Münzen, börsengehandelter Fonds (ETFs) oder Aktien von Bergbauunternehmen.

Bevor Sie in Edelmetalle investieren, ist es ratsam, sich gründlich zu informieren und vielleicht professionelle Beratung einzuholen, um die richtige Strategie für Ihre finanziellen Ziele zu entwickeln. Das Investieren in Devisen, auch als Devisenhandel oder Forex-Handel bekannt, kann eine Möglichkeit sein, Geld zu verdienen, birgt jedoch auch erhebliche Risiken. Hier sind einige grundlegende Schritte, um mit Devisen Geld zu verdienen:

1. Bildung: Verstehen Sie die Grundlagen des Devisenmarktes, einschließlich Währungspaaren, Pip-Wert, Hebelwirkung und Handelsstrategien. Es ist wichtig, gut informiert zu sein.

2. Eröffnen Sie ein Konto: Melden Sie sich bei einer zuverlässigen ForexHandelsplattform oder einem Broker an und eröffnen Sie ein Konto.

3. Strategie entwickeln: Entwickeln Sie eine Handelsstrategie, die auf einer gründlichen Analyse des Marktes basiert. Dies könnte technische oder fundamentale Analyse beinhalten.

4. Risikomanagement: Setzen Sie StoppLoss-Orders, um Verluste zu begrenzen, und bestimmen Sie, wie viel Kapital Sie bereit sind zu riskieren.

5. Praxis: Beginnen Sie mit einem Demokonto, um Ihre Strategie ohne echtes Geld zu testen, bevor Sie mit echtem Kapital handeln.

6. Geduld und Disziplin: Der Devisenmarkt kann volatil sein. Halten Sie sich an Ihre Strategie und werden Sie nicht von Emotionen beeinflusst.

7. Kontinuierliche Weiterbildung: Der Forex-Markt verändert sich ständig.

Halten Sie sich über aktuelle Entwicklungen und neue Handelsstrategien auf dem Laufenden.

Es ist wichtig zu beachten, dass der Devisenhandel Risiken birgt, und es ist möglich, Geld zu verlieren. Bevor Sie mit Devisen handeln, sollten Sie sicherstellen, dass Sie das Risiko verstehen und nur Geld investieren, das Sie sich leisten können zu verlieren. Es wird empfohlen, sich mit einem Finanzberater oder einem Experten auf dem Gebiet des Devisenhandels zu beraten, bevor Sie mit dem Handel beginnen. Das alles zusammen, soll ein kleiner Leitfaden zur Geldanlage sein.

Wichtige Erkenntnisse

_____

_____

_____

_____

_____

_____

_____

_____

_____

_____

_____

_____

_____

_____

_____

_____

_____

_____

_____

_____

_____

_____

_____

_____

_____

_____

_____

_____

_____

Schlusswort
Abschließend wünsche ich allen
Lesern viel Glück und Erfolg auf
ihrem finanziellen Weg. Die Welt der
Geldanlagen kann komplex sein, aber
mit Wissen, Geduld und einer klugen
Strategie können Sie Ihre finanziellen
Ziele erreichen. Möge Ihr
Anlageportfolio wachsen und
langfristiger Wohlstand gedeihen.
Denken Sie daran, dass der Weg zum
Erfolg in der Geldanlage mit kleinen
Schritten beginnt und sich mit der
Zeit aufbaut. Bleiben Sie motiviert,
lernen Sie ständig dazu und halten
Sie an Ihren finanziellen Zielen fest.
Viel Glück auf Ihrer Reise zu einem
sicheren und erfolgreichen
finanziellen Zukunft!
Liebe Grüße

Ihre Gedanken und Anregungen sind entscheidend für die Verbesserung unserer Bücher.

Wir freuen uns über jegliches Feedback, sei es positiv oder konstruktiv. Dies hilft uns, Bereiche zu identifizieren, in denen wir uns verbessern können, und gleichzeitig die Dinge beizubehalten, die Ihnen gefallen.
Nehmen Sie sich bitte einen Moment Zeit, um uns Ihre Gedanken mitzuteilen.

Öffnen Sie dazu einfach die Amzon App>Meine Bestellungen>Finanzfreund >Schreib eine Produktrezension.

Vielen Dank!

Wichtiger Hinweis:

Dieses Buch wurde nicht von ausgewiesenen Experten
verfasst, sondern basiert auf persönlichen Erfahrungen.

Impressum gemäß §5 TMG

Fabian Julian Beck
fabianbeck761@gmail.com
Schlegelstraße 10, 71229 Leonberg
Deutschland

39